En mi casa

Escrito por Bill Boyle
Ilustrado por Peter Stevenson
Escrito en español por Mary Cappellini

En mi casa
hay una cocina.

Hay lugar para
comer y cocinar.

En mi casa
hay una sala.

Hay lugar para sentarse y descansar.

En mi casa
hay una recámara.

Hay lugar para
dormir y jugar.

En mi casa
hay un baño.
¿Para qué hay lugar aquí?